Impressum
Verlag: BABADADA GmbH, Nedderfeld 112 , 22529 Hamburg
Geschäftsführer / Verlagsleitung: Harald Hof
Druck: Books on Demand GmbH, In de Tarpen 42, 22848 Norderstedt

Imprint
Publisher: BABADADA GmbH, Nedderfeld 112 , 22529 Hamburg, Germany
Managing Director / Publishing direction: Harald Hof
Print: Books on Demand GmbH, In de Tarpen 42, 22848 Norderstedt, Germany

escola
škola

sala de aulas
učionica

dividir
dijeliti

186/2

quadro
tabla

pátio da escola
školsko dvorište

professor
učitelj, nastavnik

papel
papir

escrever
pisati

caneta
olovka

secretária
pisaći sto

régua
lenjir

livro
knjiga

aluno
učenik

mochila

....

torba

estojo de lápis

....

pernica

lápis

....

drvena olovka

afia-lápis

....

šiljalo za olovke

borracha

....

gumica

bloco de desenho

....

blok za crtanje

desenho
....
crtež

pincel
....
kist

caixa de tintas
....
kutija s bojama

tesoura
....
makaze

cola
....
ljepilo

livro de exercícios
....
vježbanka

trabalhos de casa
....
domaća zadaća

número
....
broj

somar
....
sabirati

subtrair
....
oduzimati

multiplicar
....
množiti

calcular
....
računati

letra
....
slovo

alfabeto
....
abeceda

palavra
....
riječ

texto

tekst

ler

čitati

giz

kreda

hora

sat

registo de presenças

školski dnevnik

exame

ispit

certificado

svjedočanstvo

uniforme escolar

školska uniforma

educação

izobrazba

enciclopédia

leksikon

universidade

univerzitet

microscópio

mikroskop

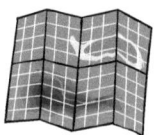

mapa

karta

cesto de lixo

korpa za papir

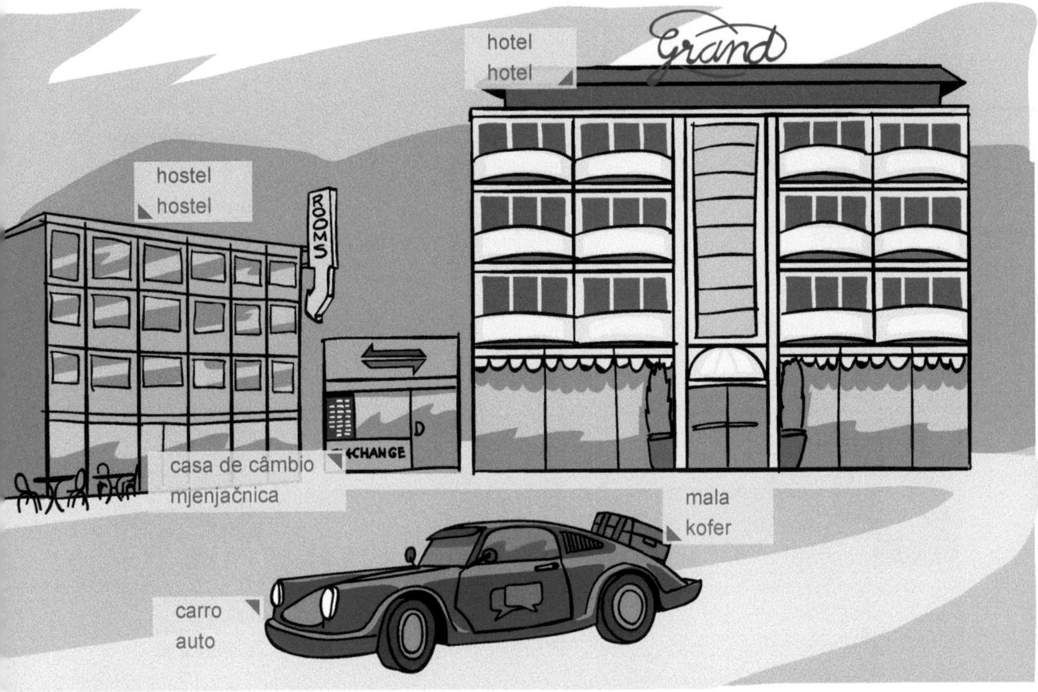

hotel
hotel
Grand
hostel
hostel
ROOMS
EXCHANGE
casa de câmbio
mjenjačnica
mala
kofer
carro
auto

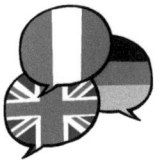

idioma

jezik

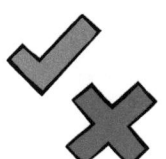

sim / não

da / ne

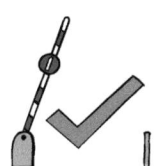

ok / certo / correto

okej

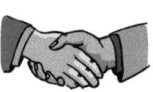

olá

zdravo

intérprete

tumač

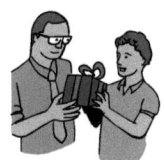

obrigado

hvala

quanto é que custa... ?

Koliko košta...?

não entendo

Ne razumijem

problema

problem

boa noite!

dobro veče!

Bom dia!

Dobro jutro!

Boa noite!

Laku noć!

adeus

doviđenja

direção

smjer

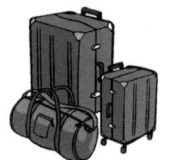

bagagem

prtljag

saco

torba

mochila

ruksak

convidado

gost

quarto

soba

saco-cama

vreća za spavanje

tenda

šator

viagem - putovanje

informação turística

turističke informacije

praia

plaža

cartão de crédito

kreditna kartica

pequeno-almoço

doručak

almoço

ručak

jantar

večera

bilhete

putna karta

elevador

lift

selo postal

poštanska markica

fronteira

granica

alfândega

carina

embaixada

ambasada

visto

viza

passaporte

pasoš

viagem - putovanje

transporte
transport

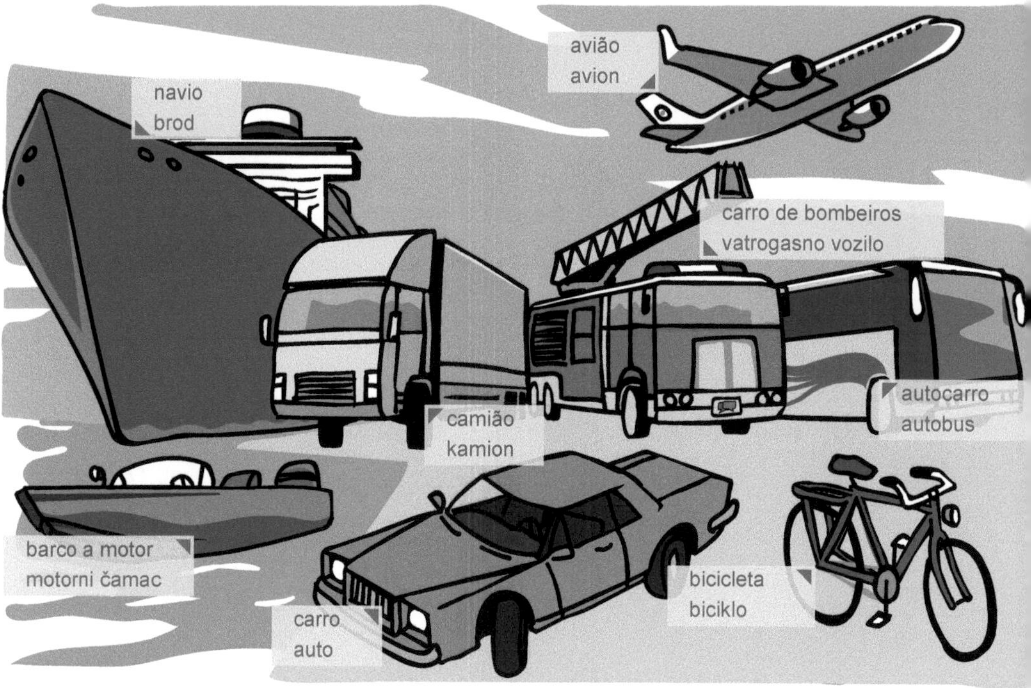

avião
avion
navio
brod
carro de bombeiros
vatrogasno vozilo
camião
kamion
autocarro
autobus
barco a motor
motorni čamac
bicicleta
biciklo
carro
auto

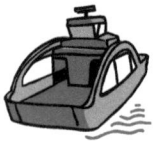

cacilheiro
trajekt

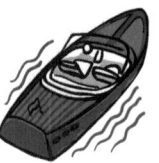

barco
brod

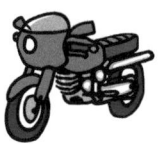

mota
motocikl

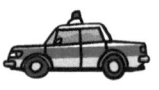

carro de polícia
policijski automobil

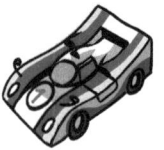

carro de corrida
trkaći automobil

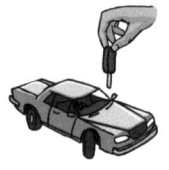

carro alugado
unajmljeni automobil

carsharing

kar-šering

camião de reboque

pauk

camião do lixo

smećarsko vozilo

motor

motor

combustível

gorivo

estação de serviço

benzinska pumpa

sinal de trânsito

saobraćajni znak

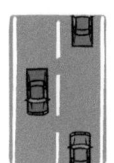

trânsito

saobraćaj

congestionamento de trânsito

zastoj

parque de estacionamento

parking

estação ferroviária

željeznička stanica

carris

šine

comboio

voz

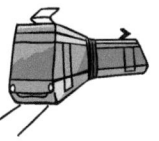

elétrico

tramvaj

carruagem

vagon

helicóptero

helikopter

aeroporto

aerodrom

torre

toranj

passageiro

putnik

contentor

kontejner

caixa de papelão

karton

carrinho

tačke

cesto

korpa

levantar voo / aterrar

poletjeti / sletjeti

cidade

grad

aldeia

selo

centro da cidade

centar grada

casa

kuća

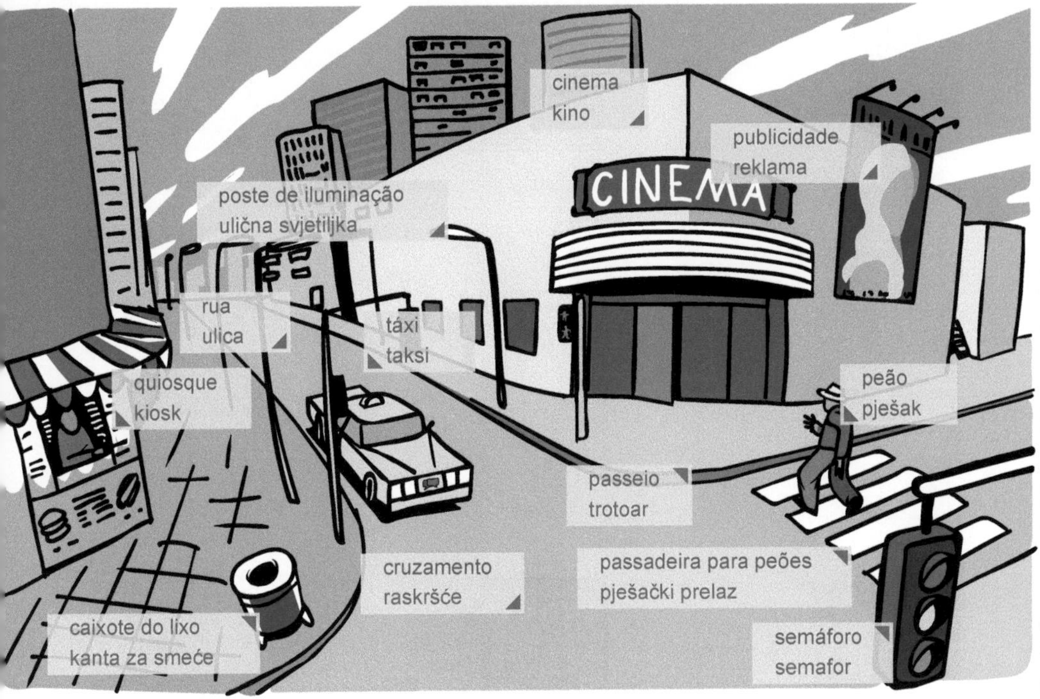

cinema
kino

publicidade
reklama

poste de iluminação
ulična svjetiljka

rua
ulica

táxi
taksi

quiosque
kiosk

peão
pješak

passeio
trotoar

cruzamento
raskršće

passadeira para peões
pješački prelaz

caixote do líxo
kanta za smeće

semáforo
semafor

cabana

koliba

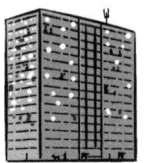

apartamento

stan

estação ferroviária

željeznička stanica

câmara municipal

vjećnica

museu

muzej

escola

škola

cidade - grad

universidade

univerzitet

banco

banka

hospital

bolnica

hotel

hotel

farmácia

apoteka

escritório

ured

livraria

knjižara

loja

radnja

florista

cvjećara

supermercado

supermarket

mercado

pijaca

loja de departamentos

robna kuća

peixaria

prodavač ribe

centro comercial

trgovački centar

porto

luka

parque
park

banco
klupa

ponte
most

escadas
stepenice

metro
podzemna željeznica

túnel
tunel

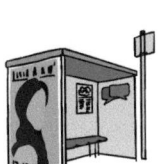

paragem de autocarro
autobuska stanica

bar
bar

restaurante
restoran

caixa de correio
poštanski sandučić

sinal de trânsito
saobraćajni znak

parquímetro
sat za naplatu parkinga

jardim zoológico
zoološki vrt

piscina
bazen

mesquita
džamija

quinta
seosko imanje

poluição
zagađenje okoline

cemitério
groblje

igreja
crkva

parque infantil
igralište

templo
hram

paisagem
krajolik

folha
list

placa de sinalização
putokaz

caminho
putokaz

prado
livada

caminhantes
putnik

pedra
kamen

árvore
drvo

rio
rijeka

relva
trava

flor
cvijet

vale
....
dolina

montanha
....
brdo

lago
....
jezero

floresta
....
šuma

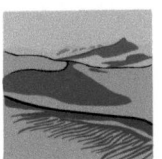

deserto
....
pustinja

vulcão
....
vulkan

castelo
....
dvorac

arco-íris
....
duga

cogumelo
....
gljiva

palma
....
palma

mosquito
....
komarac

mosca
....
muha

formiga
....
mrav

abelha
....
pčela

aranha
....
pauk

besouro

buba

sapo

žaba

esquilo

vjeverica

ouriço

jež

lebre

zec

coruja

sova

pássaro

ptica

cisne

labud

javali

divlja svinja

veado

jelen

alce

los

barragem

brana

turbina eólica

vjetrenjača

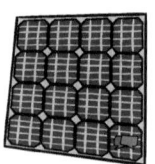

painel solar

solarni modul

clima

klima

restaurante

restoran

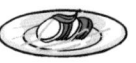

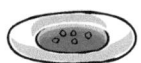

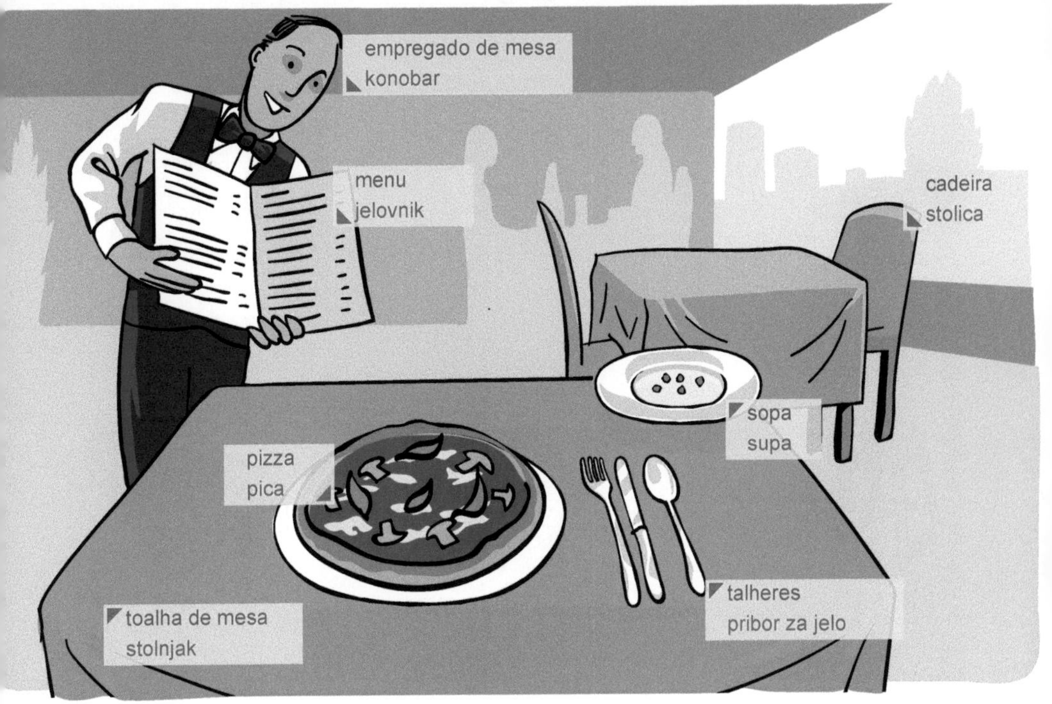
empregado de mesa
konobar
menu
jelovnik
cadeira
stolica
sopa
supa
pizza
pica
talheres
pribor za jelo
toalha de mesa
stolnjak

entrada
predjelo

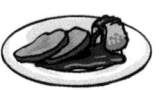

prato principal
glavno jelo

sobremesa
desert

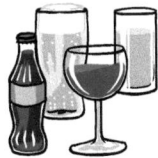

bebidas
piće

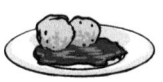

comida
jelo

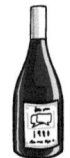

garrafa
flaša

fast food

brza hrana

comida de rua

jelo sa ulice

bule de chá

čajnik

açucareiro

šećernica

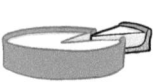

porção

porcija

máquina de café expresso

mašina za espreso

cadeira alta

barska stolica

conta

račun

bandeja

tacna

faca

nož

garfo

viljuška

colher

kašika

colher de chá

kašičica

guardanapo

salveta

copo

čaša

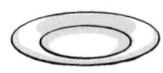

prato
....
tanjir

prato de sopa
....
tanjir za supu

pires
....
tanjurić

molho
....
sos

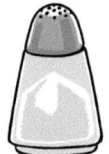

saleiro
....
solanik

moinho de pimenta
....
mlin za biber

vinagre
....
sirće

óleo
....
ulje

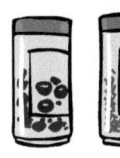

especiarias
....
začini

ketchup
....
kečap

mostarda
....
senf

maionese
....
majoneza

supermercado
supermarket

oferta especial
ponuda
FOR
cliente
klijent
laticínios
mliječni proizvodi
fruta
voće
carrinho de compras
kolica za kupovinu

BUTCHERS

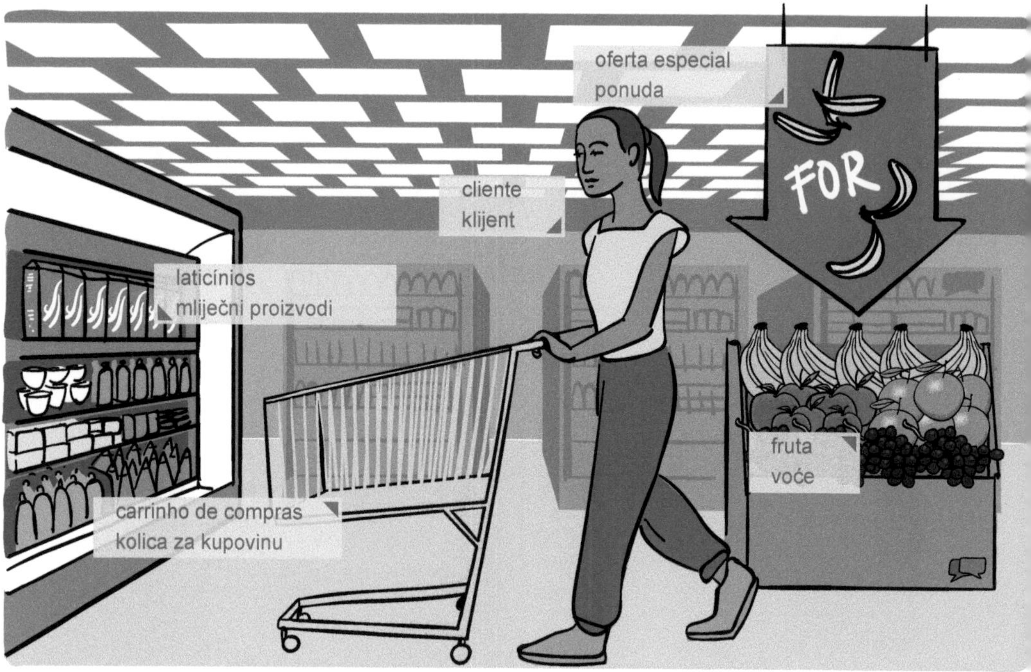

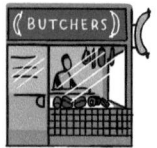

talho

mesnica- klaonica

BAKERY

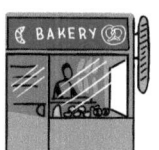

padaria

pekara

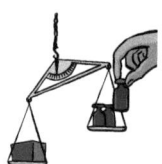

pesar

vagati

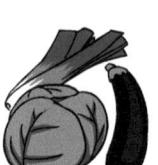

vegetais

povrće

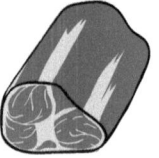

carne

meso

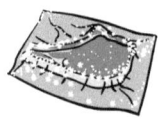

alimentos congelados

zaleđena hrana

charcutaria

narezak

comida enlatada

konzerve

detergente em pó

prašak za veš

doces

slatkiši

artigos domésticos

kućanski proizvodi

produtos de limpeza

sredstvo za čišćenje

vendedora

prodavačica

caixa

kasa

caixa

blagajnik

lista de compras

lista za kupovinu

horário de funcionamento

radno vrijeme

carteira

novčanik

cartão de crédito

kreditna kartica

saco

torba

saco de plástico

najlonska vrećica

água
voda

sumo
sok

leite
mlijeko

coca-cola
kola

vinho
vino

cerveja
pivo

álcool
alkohol

cacau
kakao

chá
čaj

café
kafa

café expresso
espreso

capuccino
kapućino

banana

banana

maçã

jabuka

laranja

narandža

melão

lubenica

limão

limun

cenoura

mrkva

alho

bijeli luk

bambu

bambus

cebola

crveni luk

cogumelo

gljiva

nozes

orašasti plodovi

talharim

pasta

esparguete

špagete

arroz

riža

salada

salata

batatas fritas

pomfrit

batatas fritas

pečeni krompir

pizza

pica

hambúrguer

hamburger

sanduíche

sendvič

bife panado

šnicla

fiambre

šunka

salame

kobasica

salsicha

kobasica

galinha

kokoš

assado

pečenje

peixe

riba

flocos de aveia

zobene pahuljice

muesli

muzli

flocos de milho

kornfleks

farinha

brašno

croissant

kroason

carcaça (pãozinho)

zemičke

pão

kruh

torrada

tost

biscoitos

keksi

manteiga

maslac

requeijão

svježi sir

bolo

kolač

ovo

jaje

ovo estrelado

jaje na oko

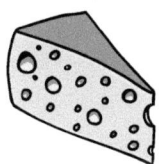

queijo

sir

comida - jelo

gelado

sladoled

açúcar

šećer

mel

med

compota

marmelada

creme de nougat

nugat krema

caril

kuri

quinta
seosko imanje

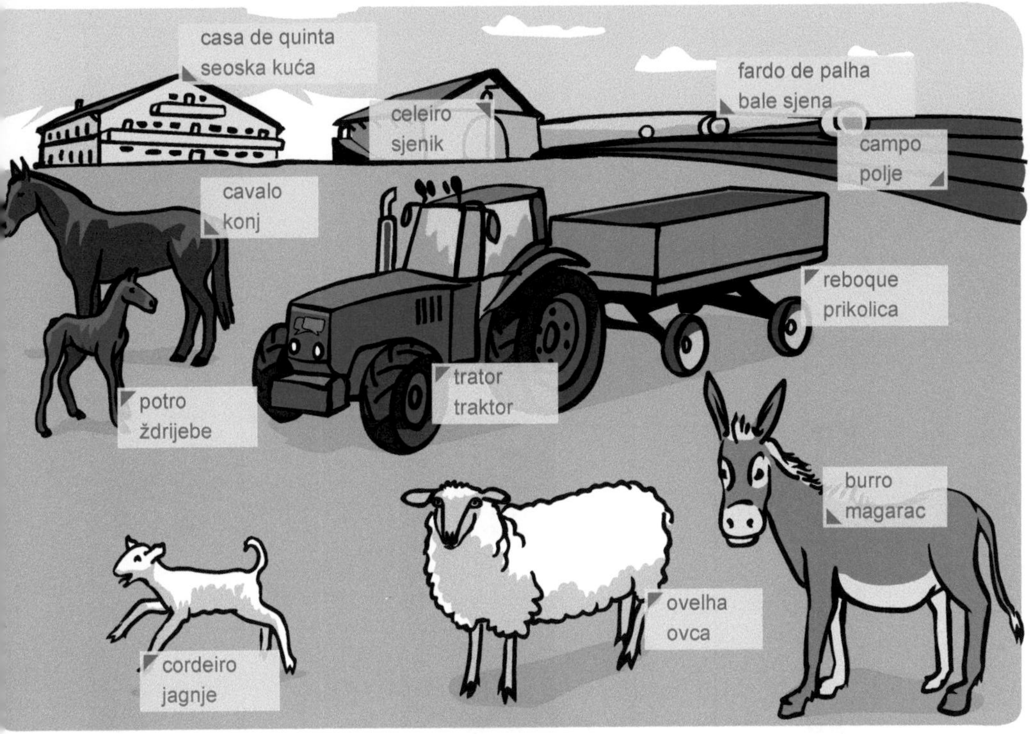
casa de quinta
seoska kuća
celeiro
sjenik
fardo de palha
bale sjena
campo
polje
cavalo
konj
reboque
prikolica
trator
traktor
potro
ždrijebe
burro
magarac
ovelha
ovca
cordeiro
jagnje

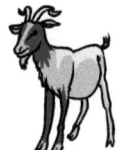

cabra
koza

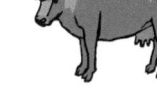

vaca
krava

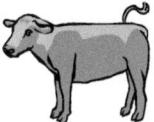

bezerro
tele

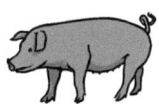

porco
svinja

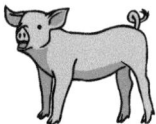

leitão
prase

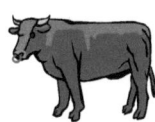

touro
bik

ganso

guska

pato

patka

pintaínho

pile

galinha

kokoška

galo

pjetao

ratazana

pacov

gato

mačka

rato

miš

boi

vol

cão

pas

casota

pseća kućica

mangueira de jardim

crijevo za baštu

regador

kanta za zalijevanje

foice

kosa

arado

plug

foice

srp

enxada

motika

forquilha

vile

machado

sjekira

carrinho de mão

tačke

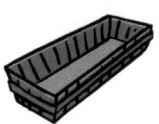

manjedoura

korito

jarro de leite

bokal za mlijeko

saco

vreća

cerca

ograda

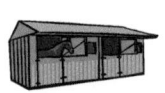

estábulo

štala

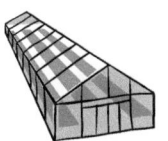

estufa

staklenik

solo

tlo

semente

sjeme

fertilizante

đubrivo

ceifeira-debulhadora

kombajn

colher

kositi

colheita

žetva

inhame

jam korijen

trigo

pšenica

soja

soja

batata

krompir

milho

kukuruz

colza

uljana repica

árvore de fruto

drvo voća

mandioca

manioka

cereais

žito

casa
kuća

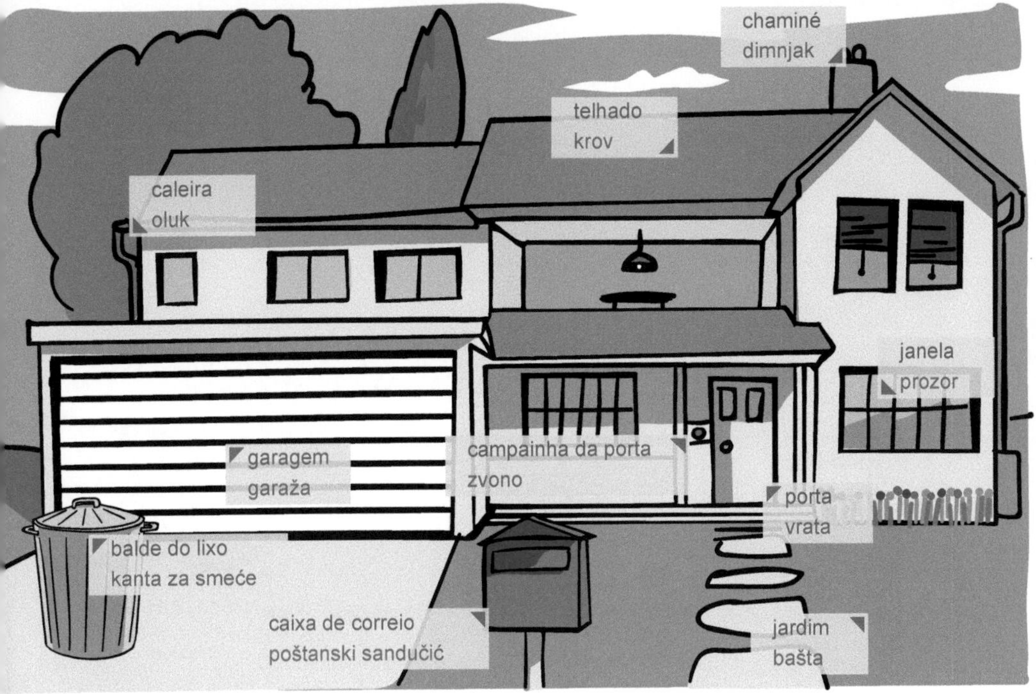
chaminé
dimnjak
telhado
krov
caleira
oluk
janela
prozor
garagem
garaža
campainha da porta
zvono
porta
vrata
balde do lixo
kanta za smeće
caixa de correio
poštanski sandučić
jardim
bašta

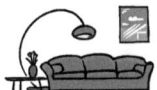

sala de estar

dnevni boravak

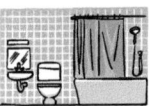

casa de banho

kupatilo

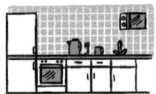

cozinha

kuhinja

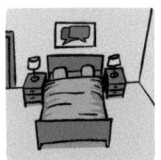

quarto de dormir

spavaća soba

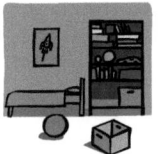

quarto de criança

dječija soba

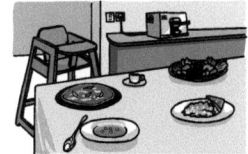

sala de jantar

trpezarija

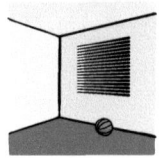

chão

pod, tlo

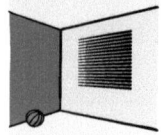

parede

zid

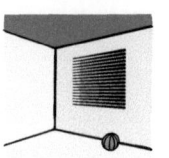

teto

plafon

cave

podrum

sauna

sauna

varanda

balkon

terraço

terasa

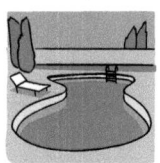

piscina

bazen

máquina de cortar relvado

kosilica

lençol

posteljina

cobertor

pokrivač

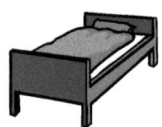

cama

krevet

vassoura

metla

balde

kanta

interruptor

prekidač

sala de estar
dnevni boravak

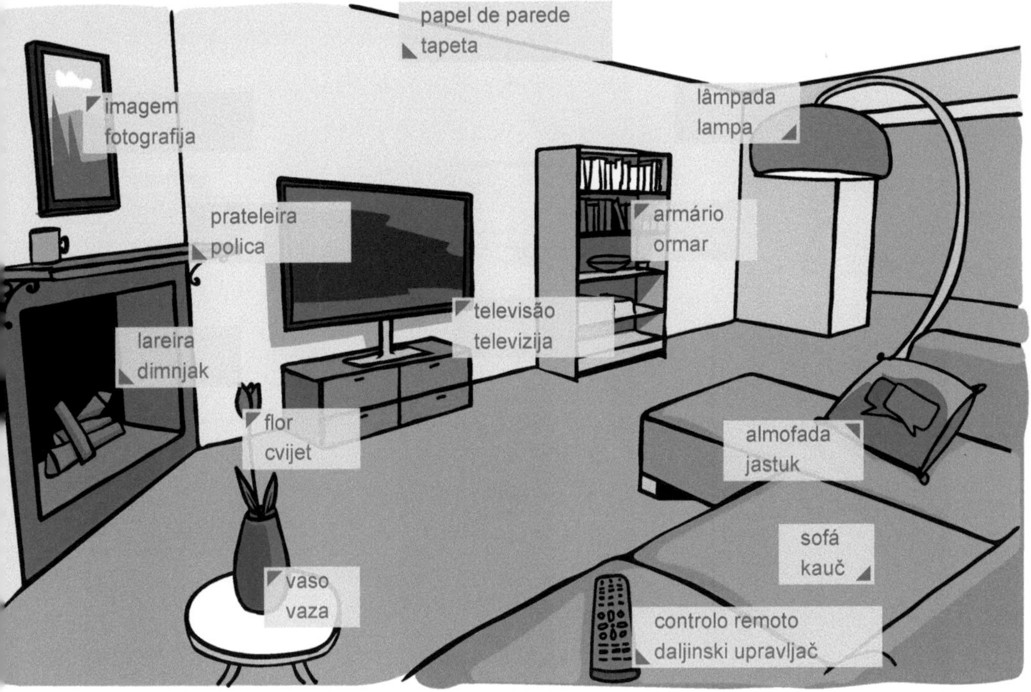
papel de parede
tapeta
imagem
fotografija
lâmpada
lampa
prateleira
polica
armário
ormar
televisão
televizija
lareira
dimnjak
flor
cvijet
almofada
jastuk
sofá
kauč
vaso
vaza
controlo remoto
daljinski upravljač

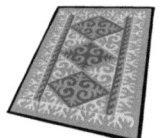

tapete

tepih

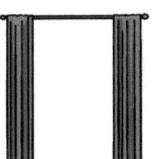

cortina

zavjesa

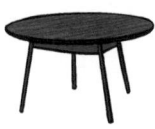

mesa

stol

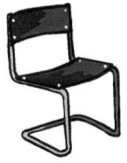

cadeira

stolica

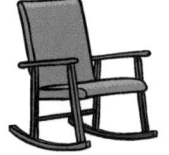

cadeira de baloiço

stolica za ljuljanje

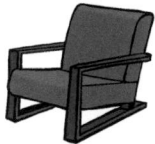

poltrona

fotelja

livro
knjiga

cobertor
deka

decoração
dekoracija

lenha
ložno drvo

filme
film

sistema estéreo
stereo uređaj

chave
ključ

jornal
novine

pintura
umjetnička slika

póster
poster

rádio
radio

bloco de notas
blok za bilješke

aspirador
usisavač

cato
kaktus

vela
svijeća

cozinha
kuhinja

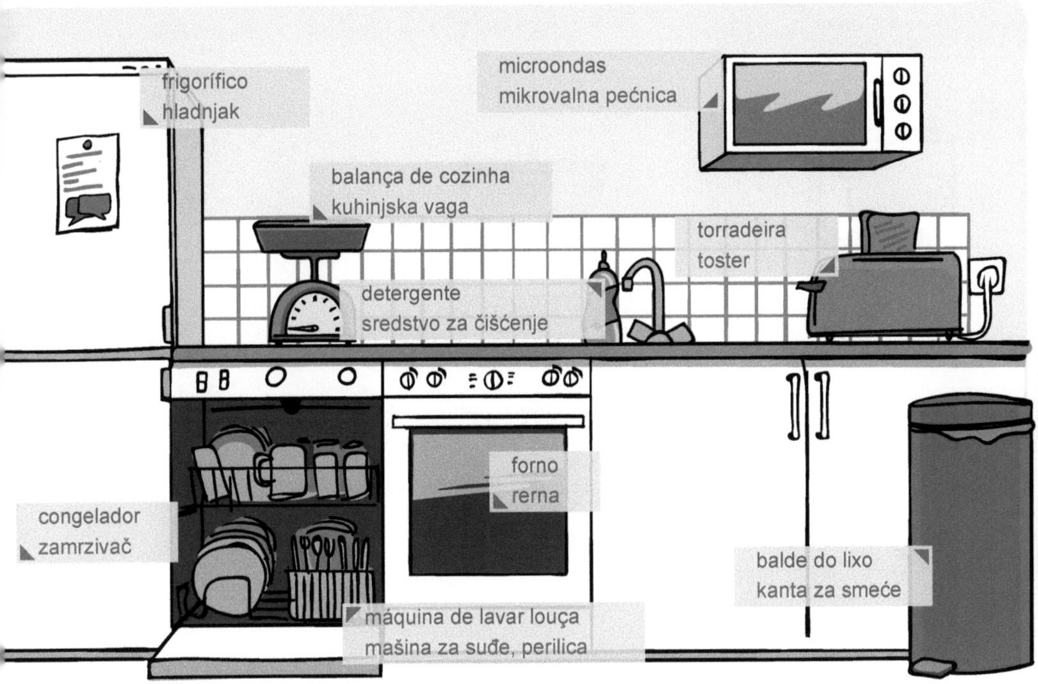
frigorífico
hladnjak
microondas
mikrovalna pećnica
balança de cozinha
kuhinjska vaga
torradeira
toster
detergente
sredstvo za čišćenje
forno
rerna
congelador
zamrzivač
balde do lixo
kanta za smeće
máquina de lavar louça
mašina za suđe, perilica

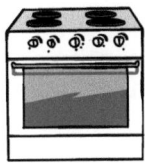

fogão
peć

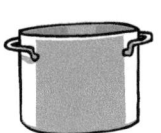

panela
lonac

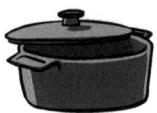

panela de ferro
metalni lonac

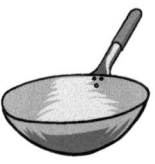

wok / kadai
vok / kadai

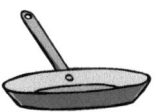

frigideira
tava, tiganj

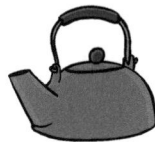

chaleira
kuhalo

panela a vapor

aparat za kuhanje na pari

tabuleiro de forno

lim za pečenje

louça

posuđe

caneca

šalica

tigela

činija

pauzinhos

kineski štapići

concha de sopa

kutlača

espátula

lopatica

batedor de claras

metlica za snijeg bjelanjca

escorredor

sito za kuhanje

peneira

sito

ralador

ribež

almofariz

avan s tučkom

churrasqueira

roštilj

lareira

ložište

tábua de cortar

daska

rolo da massa

oklagija

saca-rolhas

vadičep

lata

konzerva

abridor de latas

otvarač za konzerve

luvas de forno

krpe za lonac

lava-loiça

sudoper

escova

četka

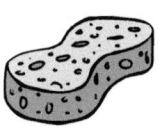

esponja

spužva

liquidificador

mikser

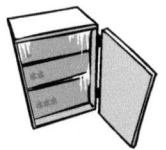

arca frigorífica

zamrzivač

biberão

flašica za bebu

torneira

slavina

casa de banho
kupatilo

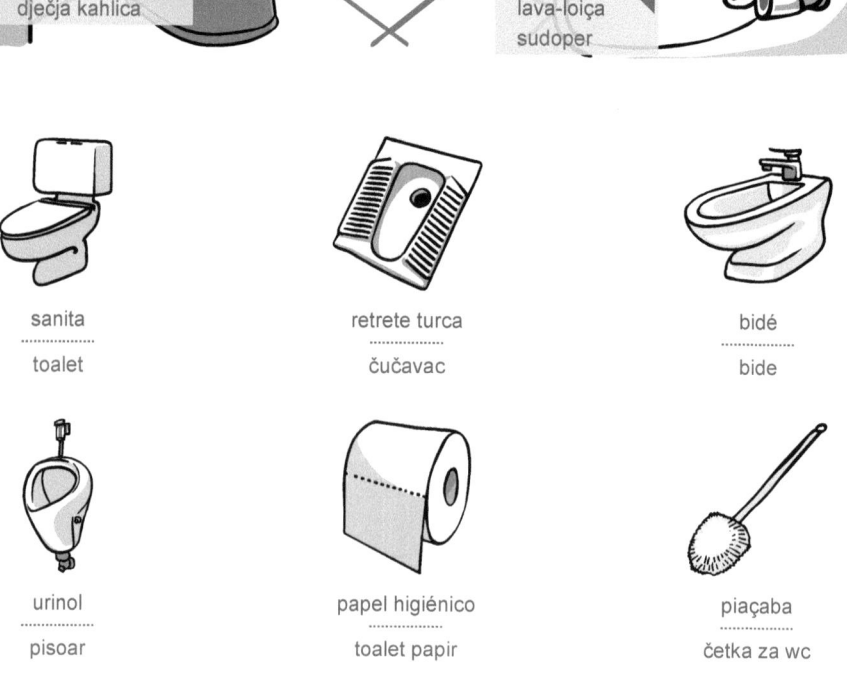

aquecimento
grijanje
chuveiro
tuš
toalha
peškir
cortina de chuveiro
zavjesa za tuš
banho de espuma
pjenušava kupka
banheira
kada
copo
čaša
máquina de lavar roupa
mašina za veš
torneira
slavina
azulejos
pločice
penico
dječja kahlica
lava-loiça
sudoper

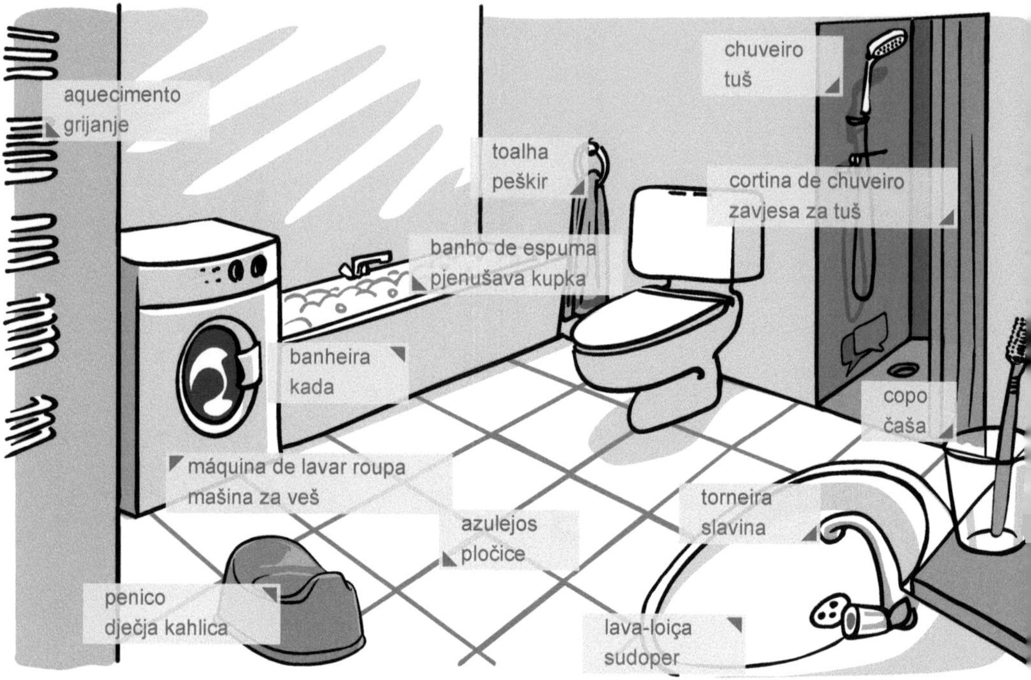

sanita

toalet

retrete turca

čučavac

bidé

bide

urinol

pisoar

papel higiénico

toalet papir

piaçaba

četka za wc

escova de dentes

četkica za zube

pasta de dentes

pasta za zube

fio dentário

zubni konac

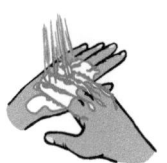
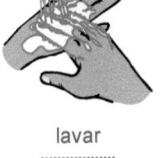

lavar

prati

chuveiro de mão

tuš

duche íntimo

intimni tuš

bacia

lavor

escova para as costas

četka za leđa

sabonete

sapun

gel de banho

gel za tuširanje

champô

šampon

toalha de rosto

krpe za pranje

escoamento

odvod

creme

krema

desodorizante

dezodorans

espelho
oglédalo

espelho de mão
ogledalo za šminkanje

máquina de barbear
brijač

creme de barbear
pjena za brijanje

loção pós-barba
vodica poslije brijanja

pente
češalj

escova
četka

secador de cabelo
fen

spray de cabelo
sprej za kosu

maquilhagem
puder

batom
karmin

verniz de unhas
lak za nokte

algodão
vata

tesoura para unhas
makazice za nokte

perfume
parfem

nécessaire

kozmetička torbica

tamborete

hoklica

balança

vaga

roupão de banho

kupaći ogrtač

luvas de borracha

rukavice za čišćenje

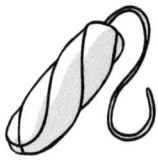

tampão

tampon

penso higiénico

uložak za dame

WC químico

hemijski toalet

quarto de criança
dječija soba

despertador
budilnik
peluche
plišana igračka
carro de brincar
auto za igru
chocalho
zvečka
casa de bonecas
kućica za lutke
presente
poklon

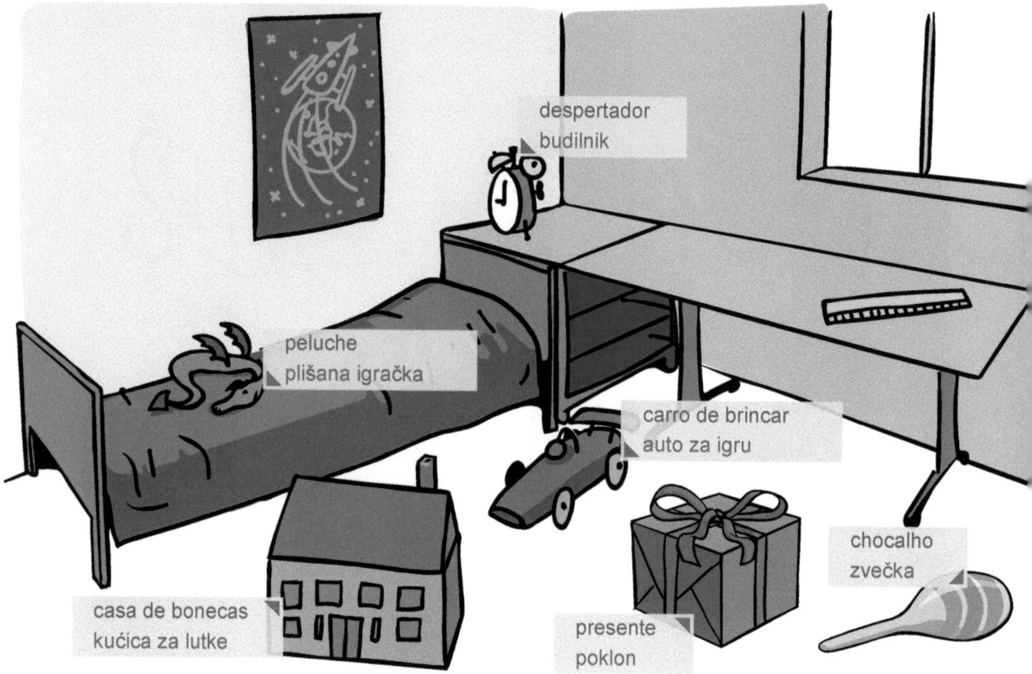

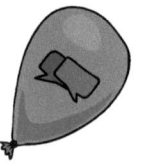

balão
balon

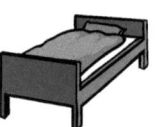

cama
krevet

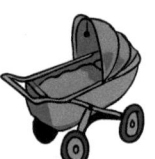

carrinho de bebé
kolica za djecu

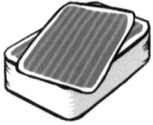

jogo de cartas
karte za igranje

quebra-cabeças
puzle

SUPER
MEGA

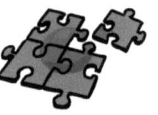

banda desenhada
strip

peças de Lego
....
lego kockice

blocos de construção
....
kockice za gradnju

figura de ação
....
akcione figure

fato de bebé
....
benkica

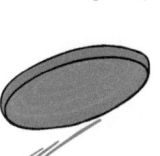

Frisbee
....
frizbi

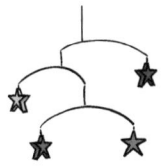

móbile para bebé
....
mobile

jogo de tabuleiro
....
igra na ploči

dados
....
kocka

pista de comboio elétrico
....
miniatura željeznice

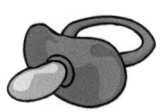

chupeta
....
cucla

festa
....
zabava

livro ilustrado
....
slikovnica

bola
....
lopta

boneca
....
lutka

jogar
....
igrati

caixa de areia

pješćanik

baloiço

ljuljačka

brinquedos

igračke

consola de jogos

konzola za igru

triciclo

triciklo

ursinho de peluche

medvjedić

guarda-roupa

ormar

vestuário

odjeća

meias

kratke čarape

meias pelo joelho

čarape

meias-calças

hulahopke

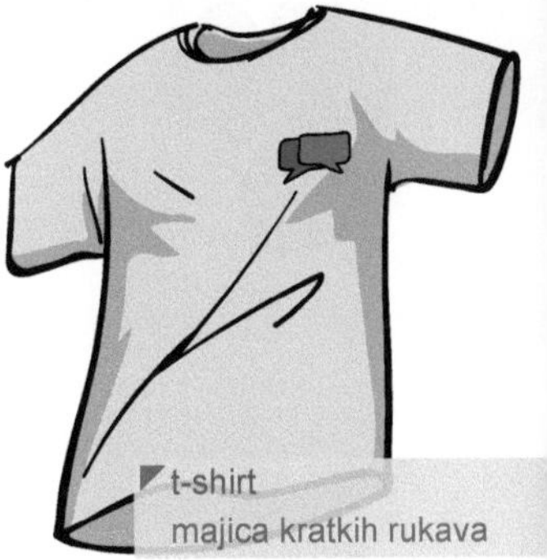

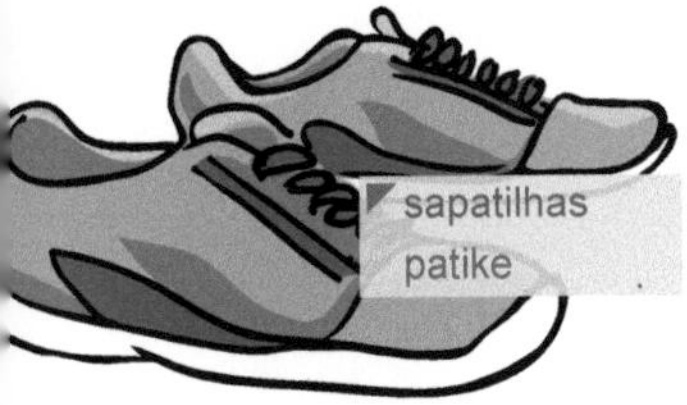

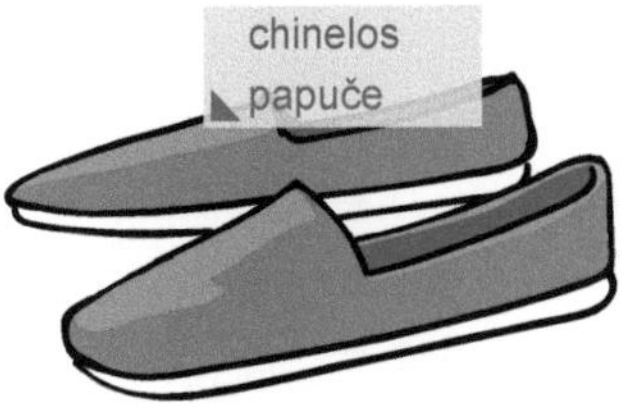

cachecol
šal

cinto
kaiš

guarda-chuva
kišobran

t-shirt
majica kratkih rukava

botas
čizme

chinelos
papuče

sapatilhas
patike

sandálias
....
sandale

sapatos
....
cipele

botas de borracha
....
gumene čizme

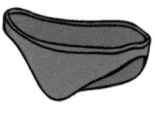

cuecas
....
gaće

sutiã
....
grudnjak

camisola interior
....
potkošulja

vestuário - odjeća

body
bodi

calças
hlače

calças de ganga
farmerke

saia
suknja

blusa
bluza

camisa
košulja

pulôver
džemper

camisola com capuz
majica

blazer
sako

casaco
jakna

manto
mantil

gabardina
kišni mantil

traje
kostim

vestido
haljina

vestido de casamento
vjenčanica

fato
odijelo

camisa de dormir
spavaćica

pijama
pidžama

sari
sari

lenço de cabeça
marama

turbante
turban

burca
burka

cafetã
kaftan

abaya
abaja

fato de banho
kupaći kostim

calções de banho
kupaće gaće

calções
kratke hlače

fato de treino
trenerka

avental
pregača

luvas
rukavice

botão

dugme

óculos

naočare

pulseira

narukvica

colar

ogrlica

anel

prsten

brinco

naušnica

boné

kapa

cabide

vješalica

chapéu

šešir

gravata

kravata

fecho de correr

patentni zatvarač

capacete

kaciga

suspensórios

tregeri za hlače

uniforme escolar

školska uniforma

uniforme

uniforma

babete
podbradak

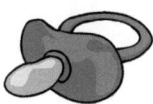

chupeta
cucla

fralda
pelene

escritório
ured

servidor
server

armário de arquivo
ormar za kartoteku

impressora
štampač

papel
papir

ecrã
monitor

secretária
pisaći sto

rato
miš

pasta
registrator

teclado
tastatura

cesto de lixo
korpa za papir

cadeira
stolica

computador
kompjuter

caneca de café
šolja za kafu

calculadora
kalkulator

internet
internet

computador portátil

laptop

carta

pismo

mensagem

poruka

telemóvel

mobilni telefon

rede

mreža

fotocopiadora

aparat za kopiranje

software

softver

telefone

telefon

tomada elétrica

utičnica

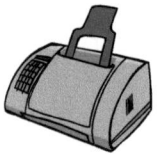

fax

faks

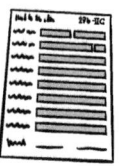

formulário

formular

documento

dokument

comprar

kupovati

pagar

platiti

negociar

trgovati

dinheiro

novac

dólar

dolar

euro

euro

yen

jen

rublo

rublja

franco suíço

franak

renminbi yuan

renminbi jen

rupia

rupi

caixa de multibanco

bankomat

casa de câmbio

mjenjačnica

ouro

zlato

prata

srebro

petróleo

nafta

energia

energija

preço

cijena

contrato

ugovor

imposto

porez

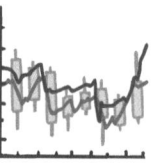

ação

akcija

trabalhar

raditi

empregado

službenik

entidade patronal

poslodavac

fábrica

fabrika

loja

radnja

profissões
zanimanja

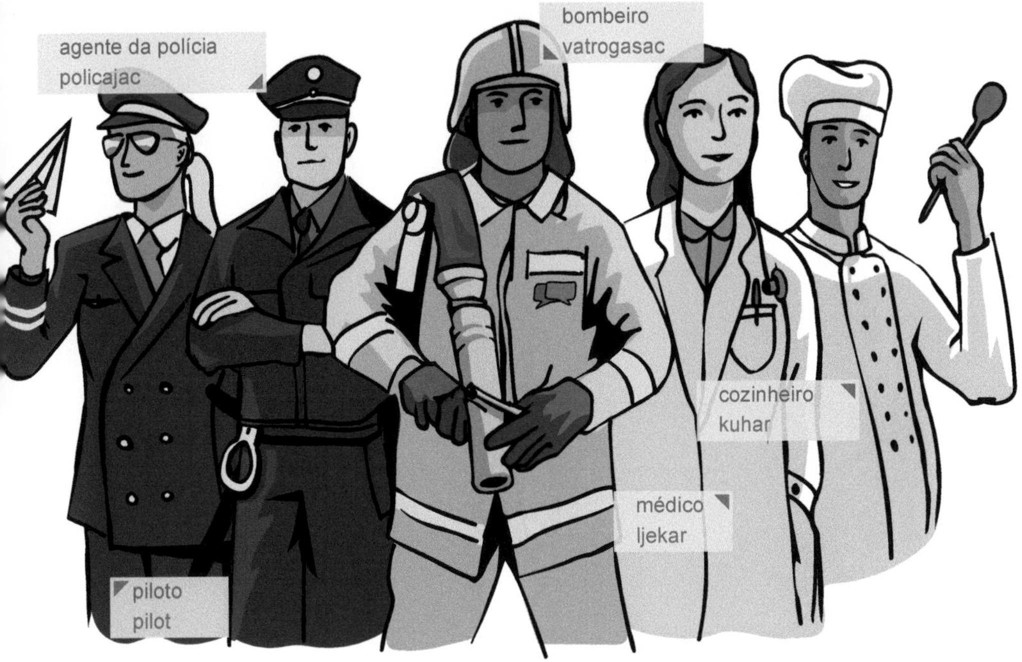
agente da polícia
policajac
bombeiro
vatrogasac
cozinheiro
kuhar
médico
ljekar
piloto
pilot

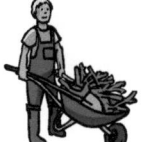

jardineiro

baštovan

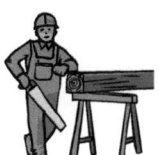

carpinteiro

stolar

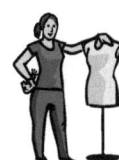

costureira

krojačica

juiz

sudija

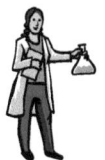

químico

hemičar

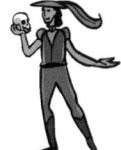

ator

glumac

motorista de autocarro

vozač autobusa

motorista de táxi

vozač taksija

pescador

ribar

empregada de limpeza

čistačica

telhador

krovopokrivač

empregado de mesa

konobar

caçador

lovac

pintor

moler

padeiro

pekar

eletricista

električar

construtor

građevinski radnik

engenheiro

inženjer

talhante

koljač

canalizador

limar, vodoinstalater

carteiro

poštar

soldado
....
vojnik

arquiteto
....
arhitekta

caixa
....
blagajnik

florista
....
cvjećar

cabeleireiro
....
frizer

controlador de bilhetes
....
kontrolor

mecânico
....
mehaničar

capitão
....
kapiten

dentista
....
zubar

cientista
....
naučnik

rabino
....
rabin

imã
....
imam

monge
....
monah

pastor
....
sveštenik

ferramentas
alat

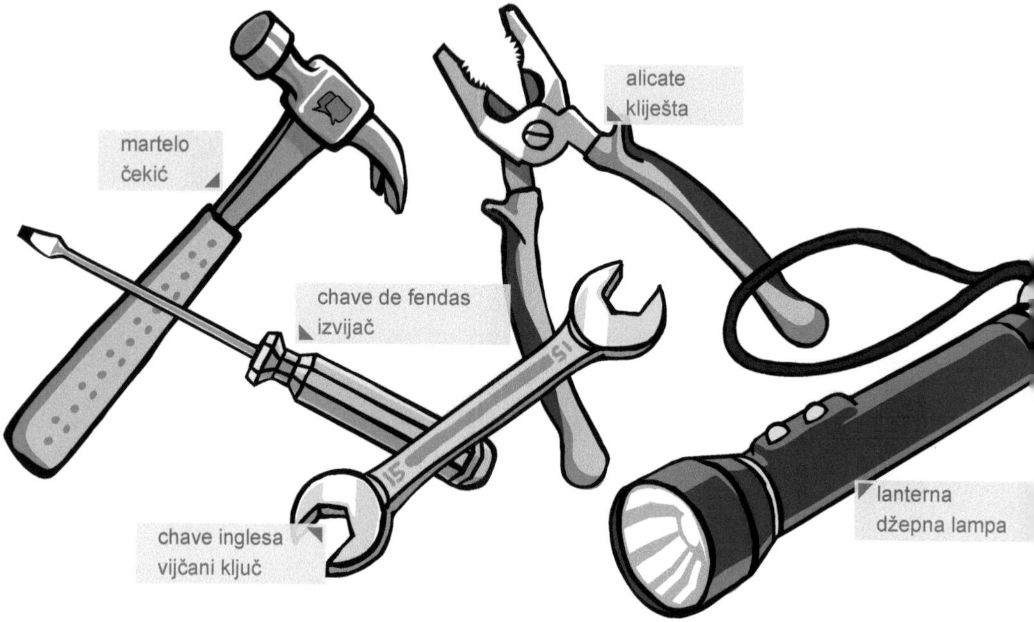

martelo
čekić
alicate
kliješta
chave de fendas
izvijač
chave inglesa
vijčani ključ
lanterna
džepna lampa

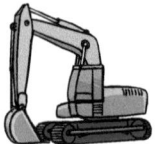

escavadora

bager

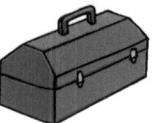

caixa de ferramentas

kutija sa alatom

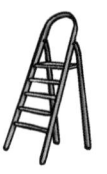

escadote

ljestve

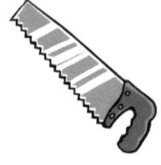

serra

testera, pila

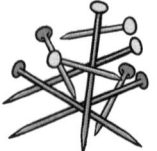

pregos

ekser

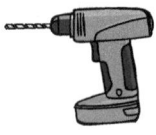

broca

bušilica

reparar
popraviti

pá
lopata

porcaria!
sranje!

pá de lixo
lopatica

pote de tinta
kanta boje

parafusos
vijak

instrumentos musicais
muzički instrumenti

bateria
bubnjevi

altifalante
zvučnik

contrabaixo
kontrabas

trompete
truba

guitarra
gitara

piano

klavir

violino

violina

baixo

bas

timbales

bubanj timpani

tambor

bubanj

teclado

sintisajzer

saxofone

saksofon

flauta

flauta

microfone

mikrofon

jardim zoológico

zološki vrt

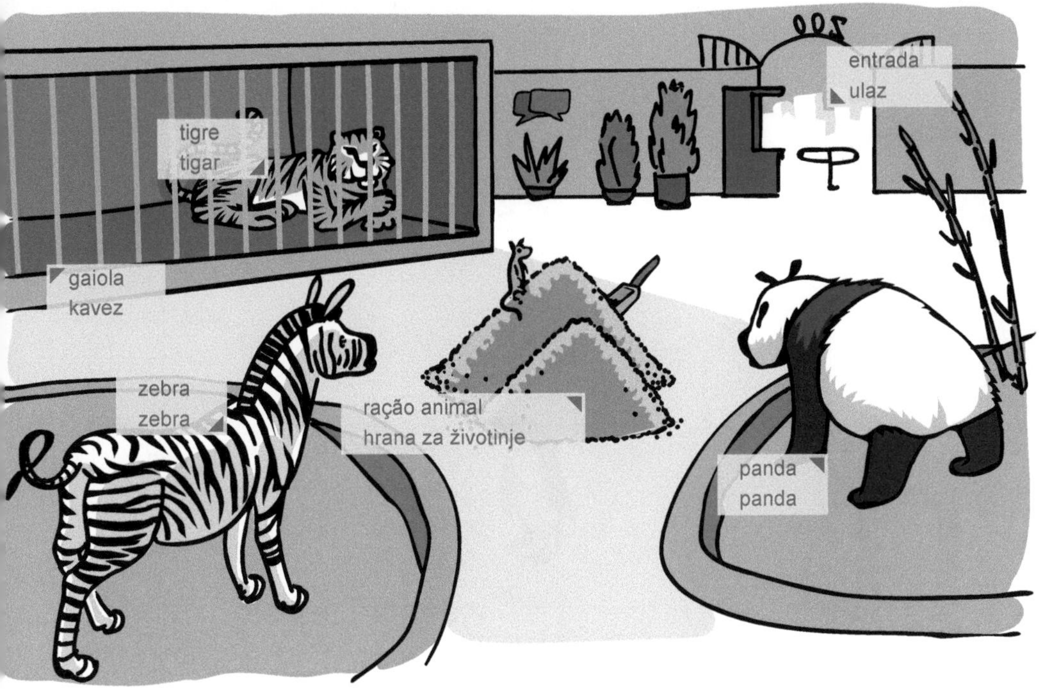

entrada
ulaz
tigre
tigar
gaiola
kavez
zebra
zebra
ração animal
hrana za životinje
panda
panda

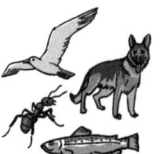

animais

životinje

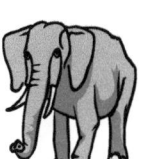

elefante

slon

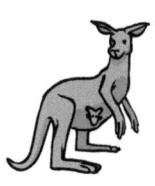

canguru

kengur

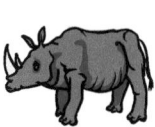

rinoceronte

nosorog

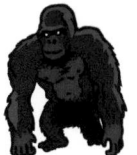

gorila

gorila

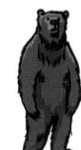

urso

medvjed

camelo

kamila

avestruz

noj

leão

lav

macaco

majmun

flamingo

flamingo

papagaio

papagaj

urso polar

polarni medvjed

pinguim

pingvin

tubarão

morski pas

pavão

paun

cobra

zmija

crocodilo

krokodil

guarda do jardim zoológico

čuvar u zološkom vrtu

foca

tuljan

jaguar

jaguar

pónei
poni

leopardo
leopard

hipopótamo
nilski konj

girafa
žirafa

águia
orao

javali
divlja svinja

peixe
riba

tartaruga
kornjača

morsa
morž

raposa
lisica

gazela
gazela

futebol americano
američki fudbal

ciclismo
vožnja bicikla

ténis
tenis

basquetebol
košarka

natação
plivanje

boxe
boks

hóquei no gelo
hokej na ledu

futebol
fudbal

badminton
bedminton

atletismo
laka atletika

andebol
rukomet

esqui
skijanje

polo
polo

atividades
aktivnosti

rir
smijati se
saltar
skakati
abraçar
zagrliti
andar
ići
cantar
pjevati
sonhar
sanjati
rezar
moliti
beijar
ljubiti

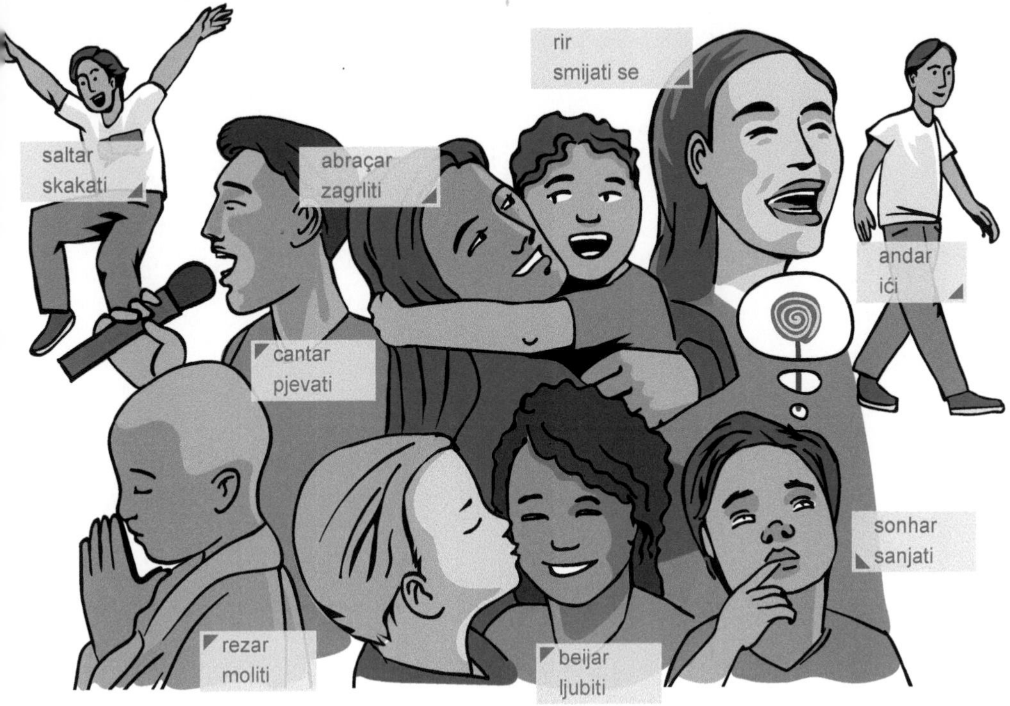

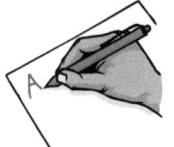

escrever
pisati

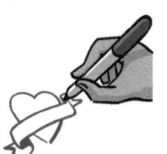

desenhar
crtati

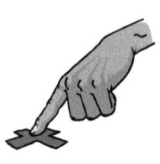

mostrar
pokazati

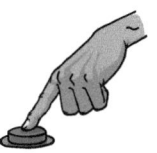

empurrar
gurati

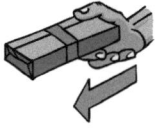

dar
dati

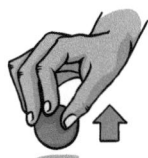

tomar
uzeti

ter
....
imati

fazer
....
raditi

ser
....
biti

ficar de pé
....
stajati

correr
....
trčati

puxar
....
vući

remessar
....
baciti

cair
....
pasti

deitar
....
ležati

esperar
....
čekati

carregar
....
nositi

sentar
....
sjediti

vestir
....
obući

dormir
....
spavati

acordar
....
probuditi

olhar para

pogledati

chorar

plakati

acariciar

milovati

pentear

češljati

falar

govoriti

compreender

razumjeti

perguntar

pitati

ouvir

slušati

beber

piti

comer

jesti

arrumar

pospremiti

amar

voljeti

cozinhar

kuhati

conduzir

voziti

voar

letjeti

velejar

jedriti

calcular

računati

ler

čitati

aprender

učiti

trabalhar

raditi

casar

vjenčavti

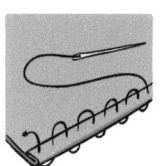

costurar

šiti

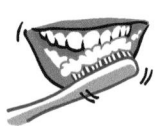

escovar os dentes

prati zube

matar

ubiti

fumar

pušiti

enviar

slati

avó
baka

avô
djed

pai
otac

mãe
majka

bebé
beba

filha
kćerka

filho
sin

convidado

gost

tia

ujna, tetka, strina

tio

ujak, tetak, stric

irmão

brat

irmã

sestra

corpo
tijelo

testa
čelo
olho
oko
ombro
leđa
dedo
prst
cara
lice
queixo
brada
mão
ruka, šaka
perna
noga
peito
grudi
braço
ruka

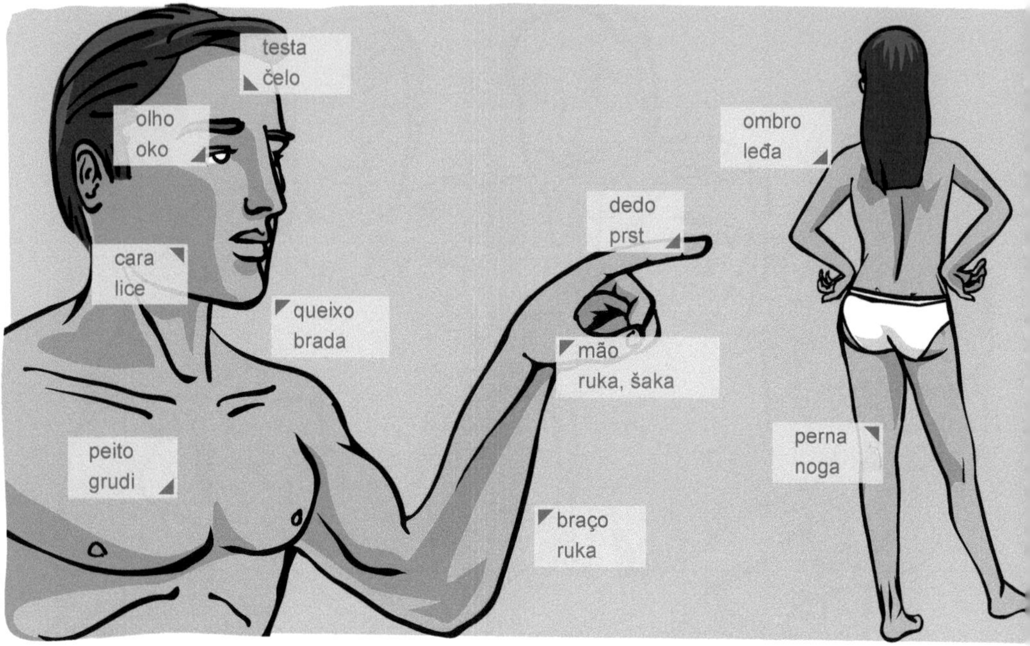

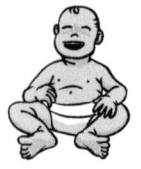

bebé

beba

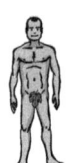

homem

muškarac

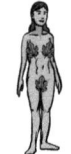

mulher

žena

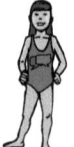

menina

djevojčica

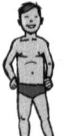

menino

dječak

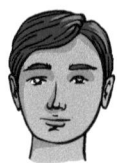

cabeça

glava

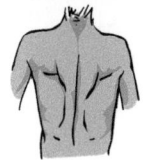

costas
....
leđa

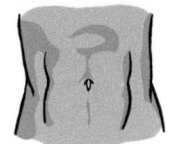

barriga
....
stomak

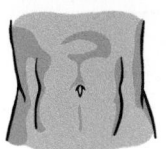

umbigo
....
pupak

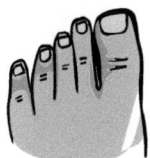

dedo do pé
....
nožni prst

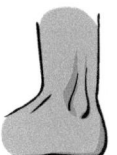

calcanhar
....
peta

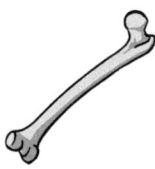

osso
....
kosti

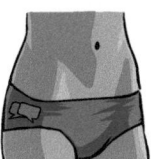

anca
....
kuk

joelho
....
koljeno

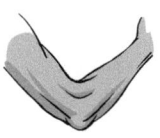

cotovelo
....
lakat

nariz
....
nos

nádegas
....
stražnjica

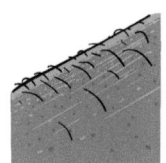

pele
....
koža

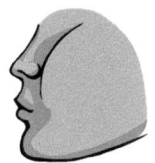

bochecha
....
obraz

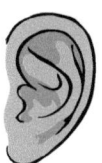

orelha
....
uho

lábio
....
usna

boca

usta

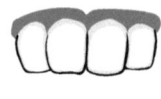

dente

zub

língua

jezik

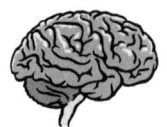

cérebro

mozak

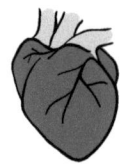

coração

srce

músculo

mišić

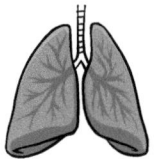

pulmão

pluća

fígado

jetra

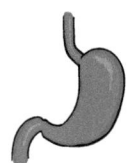

estômago

želudac

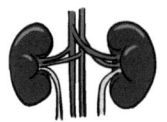

rins

bubreg

relações sexuais

spolni odnos

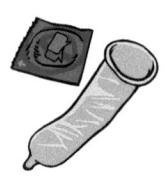

preservativo

kondom

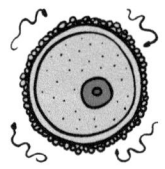

óvulo

jajna ćelija

esperma

sperma

gravidez

trudnoća

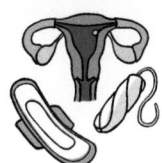

menstruação
menstruacija

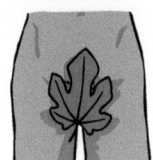

vagina
vagina

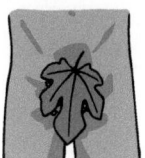

pénis
penis

sobrancelha
obrva

cabelo
kosa

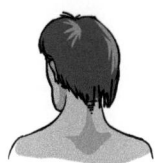

pescoço
vrat

hospital
bolnica

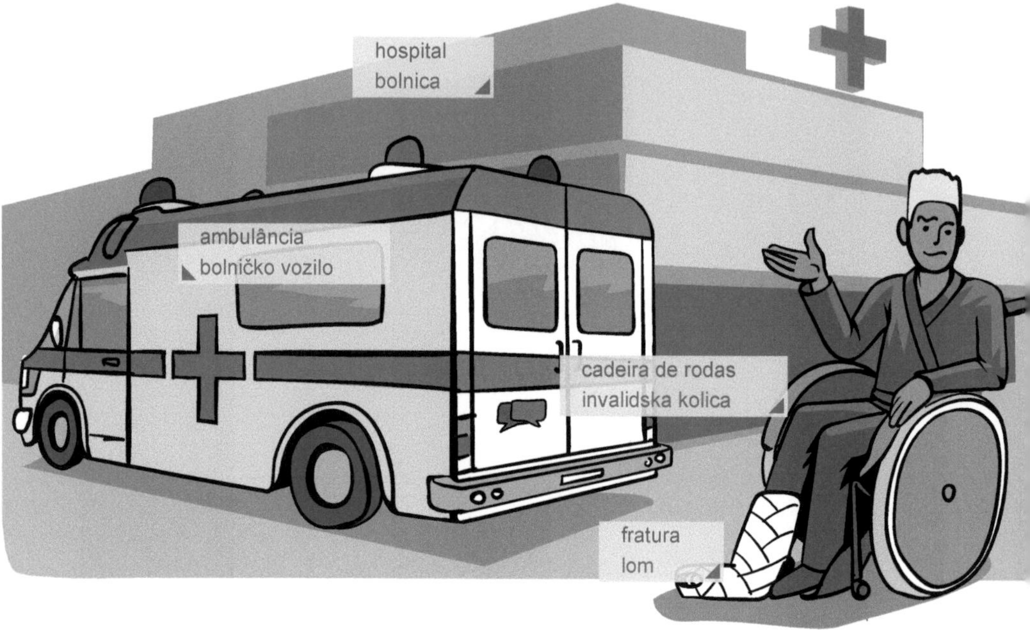

hospital
bolnica
ambulância
bolničko vozilo
cadeira de rodas
invalidska kolica
fratura
lom

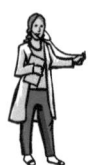

médico

ljekar

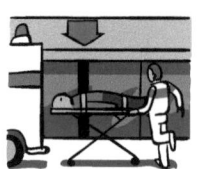

serviço de urgências

hitna služba

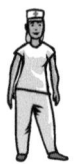

enfermeira

medicinska sestra

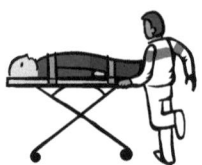

emergência

hitna pomoć

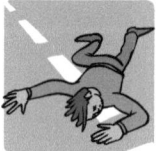

inconsciente

nesvjest

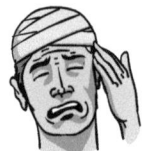

dor

bol

ferimento

povreda

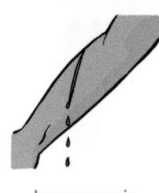

hemorragia

krvarenje

ataque cardíaco

srčani udar, infarkt

acidente vascular cerebral

moždani udar

alergia

alergija

tosse

kašalj

febre

groznica

gripe

gripa

diarreia

proljev

dor de cabeça

glavobolja

cancro

rak

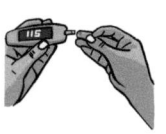

diabetes

dijabetes

cirurgião

hirurg

bisturi

skalpel

operação

operacija

CT

CT

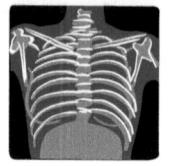

raio x

rendgen

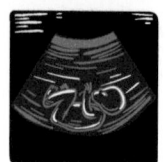

ultrassom

ultrazvuk

máscara

maska

doença

bolest

sala de espera

čekaonica

muleta

štake

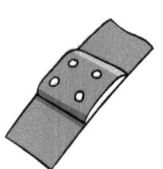

penso rápido

flaster

ligadura

zavoj

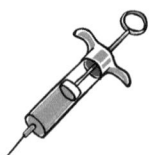

injeção

injekcija

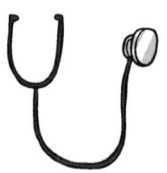

estetoscópio

stetoskop

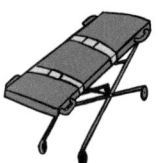

maca

nosilo

termómetro

termometar

nascimento

porod

excesso de peso

prekomjerna težina, debljina

aparelho auditivo

slušni aparat

desinfetante

sredstvo za dezinfekciju

infeção

infekcija

vírus

virus

HIV / SIDA

HIV/ AIDS

medicamento

medicina

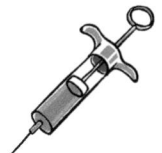

vacinação

vakcinacija

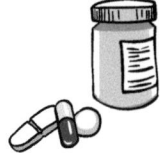

comprimidos

tablete

pílula

pilula

chamada de emergência

hitni poziv

dispositivo de medição de pressão arterial

aparat za mjerenje pritiska

doente / saudável

bolestan / zdrav

Socorro!

Upomoć!

alarme

alarm

assalto

napad, prepad

ataque

napad

perigo

opasnost

saída de emergência

izlaz u slučaju opasnosti

Fogo!

Požar!

extintor de incêndios

vatrogasni aparat

acidente

nezgoda

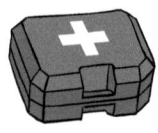

estojo de primeiros socorros

torba prve pomoći

SOS

SOS

polícia

policija

Europa

Europa

América do Norte

Sjeverna Amerika

América do Sul

Južna Amerika

África

Afrika

Ásia

Azija

Austrália

Australija

Atlântico

Atlantik

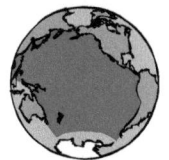

Pacífico

Pacifik

Oceano Índico

Indijski okean

Oceano Antártico

Antarktički okean

Oceano Ártico

Arktički okean

Polo Norte

Sjeverni pol

Polo Sul

Južni pol

Antártica

Antarktik

terra

Zemlja

país

zemlja

mar

more

ilha

ostrvo

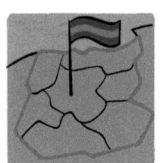

nação

nacija

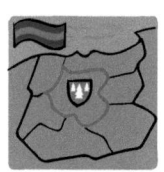

estado

država

mostrador do relógio
brojčanik sata

ponteiro das horas
kazaljka sata

ponteiro dos minutos
kazaljka minute

ponteiro dos segundos
kazaljka sekunde

Que horas são?
Koliko je sati?

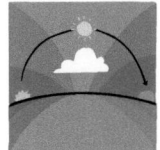

dia
dan

tempo
vrijeme

agora
sada

relógio digital
digitalni sat

minuto
minuta

hora
sat

semana
sedmica, nedjelja

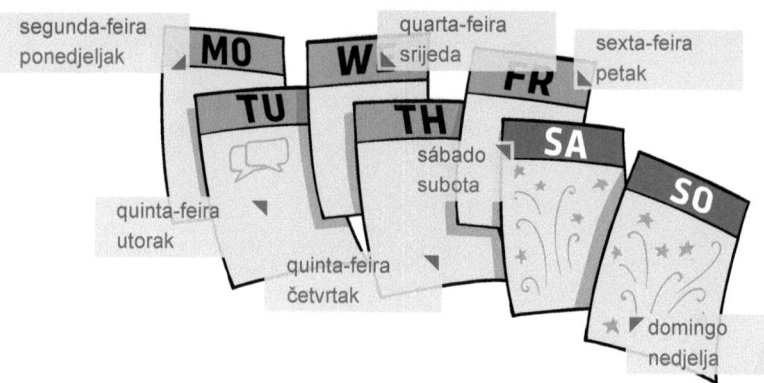

segunda-feira
ponedjeljak

quarta-feira
srijeda

sexta-feira
petak

quinta-feira
utorak

quinta-feira
četvrtak

sábado
subota

domingo
nedjelja

ontem
·················
juče

hoje
·················
danas

amanhã
·················
sutra

manhã
·················
jutro

meio-dia
·················
podne

entardecer
·················
veče

dias úteis
·················
radni dani

fim de semana
·················
vikend

ano
godina

chuva
kiša
arco-íris
duga
neve
snijeg
vento
vjetar
primavera
proljeće
outono
jesen
verão
ljeto
inverno
zima

4.APRIL 11°
5.APRIL 4°
6.APRIL 13°
7.APRIL 8°
8.APRIL 10°

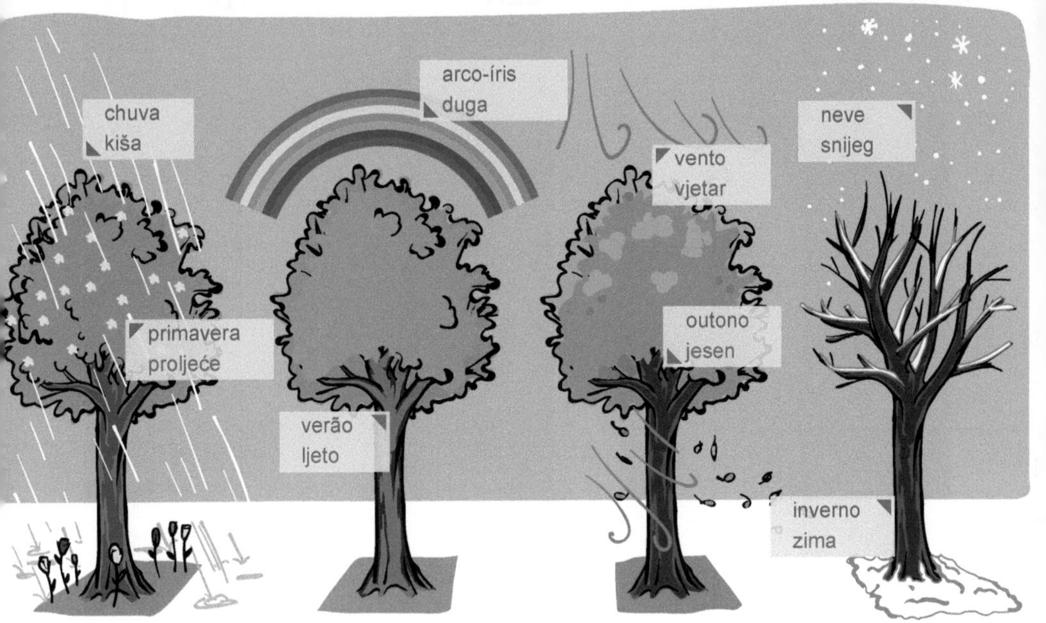

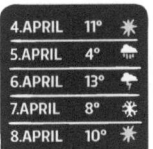

previsão do tempo

prognoza vremena

F C
120 40
90 30
60 20
30 10
0 0
-30 -10
-20

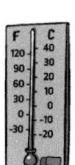

termómetro

termometar

raios de sol

sunčev sjaj

nuvem

oblak

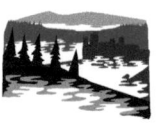

neblina / nevoeiro

magla

humidade do ar

vlažnost vazduha

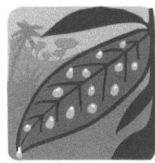

relâmpago

munja

trovão

grom

tempestade

oluja

granizo

tuča, led

monção

monsun

inundação

poplava

gelo

led

janeiro

januar

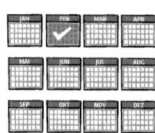

fevereiro

februar

março

mart

abril

april

maio

maj

junho

juni

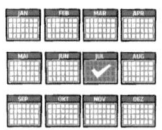

julho

juli

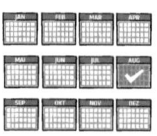

agosto

avgust

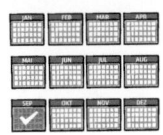

setembro
....
septembar

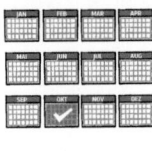

outubro
....
oktobar

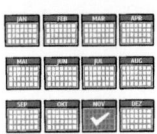

novembro
....
novembar

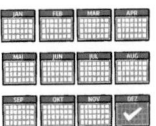

dezembro
....
decembar

formas
oblici

círculo
....
krug

quadrado
....
kvadrat

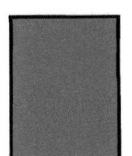

retângulo
....
pravougao

triângulo
....
trougao

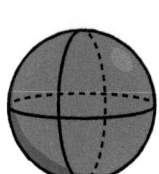

esfera
....
kugla

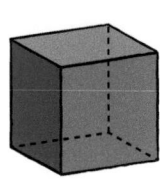

cubo
....
kocka

branco
....
bjel

amarelo
....
žut

laranja
....
narandžast

rosa
....
pink

vermelho
....
crven

lilás
....
ljubičast

azul
....
plav

verde
....
zelen

castanho
....
smeđ

cinzento
....
siv

preto
....
crn

muito / pouco

malo / mnogo

furioso / calmo

ljutit / miran

lindo / feio

lijep / ružan

princípio / fim

početak / kraj

grande / pequeno

veliki / mali

claro / escuro

svijetlo / tamno

irmão / irmã

brat / sestra

limpo / sujo

čist / prljav

completo / incompleto

potpun / nepotpun

dia / noite

dan / noć

morto / vivo

mrtav / živ

largo / estreito

široko / usko

comestível / não comestível

ukusno / neukusno

mau / gentil

zao / prijatan

entusiasmado / entediado

uzbuđen / dosadan

gordo / magro

debeo / mršav

primeiro / último

najprije / najkasnije

amigo / inimigo

prijatelj / neprijatelj

cheio / vazio

pun / prazan

duro / macio

trvd / mekan

pesado / leve

težak / lagan

fome / sede

glad / žeđ

doente / saudável

bolestan / zdrav

ilegal / legal

ilegalan / legalan

inteligente / burro

inteligentan / glup

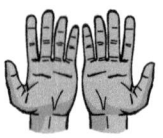

esquerda / direita

lijevo / desno

perto / longe

blizu / daleko

novo / usado
....
nov / polovan

nada / algo
....
ništa / nešto

velho / jovem
....
star / mlad

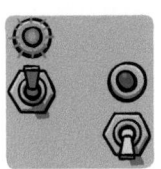

ligado / desligado
....
uključeno / isključeno

aberto / fechado
....
otvoreno / zatvoreno

baixo / alto
....
tiho / glasno

rico / pobre
....
bogat / siromašan

certo / errado
....
tačno / pogrešno

áspero / liso
....
hrapav / glatak

triste / feliz
....
tužan / srećan

curto / longo
....
kratak / dug

lento / rápido
....
spor / brz

molhado / seco
....
mokro / suho

ameno / fresco
....
toplo / hladno

guerra / paz
....
rat / mir

opostos - suprotnosti

0	**1**	**2**
zero	um	dois
nula	jedan	dva

3	**4**	**5**
três	quatro	cinco
tri	četiri	pet

6	**7**	**8**
seis	sete	oito
šest	sedam	osam

9	**10**	**11**
nove	dez	onze
devet	deset	jedanaest

12

doze

dvanaest

13

treze

trinaest

14

catorze

četrnaest

15

quinze

petnaest

16

dezasseis

šesnaest

17

dezassete

sedamnaest

18

dezoito

osamnaest

19

dezanove

devetnaest

20

vinte

dvadeset

100

cem

sto

1.000

mil

hiljada

1.000.000

milhão

milion

números - brojevi

inglês

engleski

inglês americano

američki engleski

chinês mandarim

kinesko mandarinski

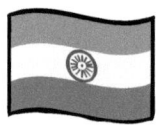

hindi

hindi

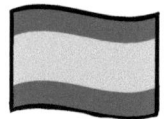

espanhol

španski

francês

francuski

árabe

arapski

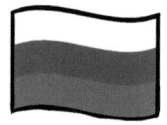

russo

ruski

português

portugalski

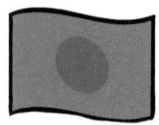

bengalês

bengalski

alemão

njemački

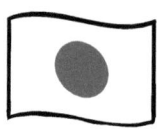

japonês

japanski

eu

ja

tu

ti

ele / ela

on / ona / ono

nós

mi

vós

vi

eles / elas

oni

quem?

ko?

o quê?

šta?

como?

kako?

onde?

gdje?

quando?

kada?

nome

ime

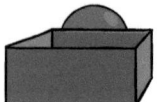

atrás

iza

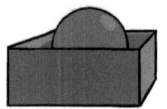

em

u

à frente de

pred

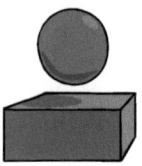

sobre

iznad

em cima

na

debaixo

ispod

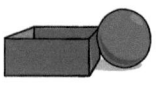

ao lado

pored

entre

između

lugar

mjesto